Bénédicte GUETTIER

TROT … AZA
À LA CRÈCHE

GALLIMARD jeunesse GIBOULÉES

J'AIME TROP LA CRÈCHE DE ZAZA ! JE PEUX Y RESTER MOI AUSSI ? DEMANDE TROTRO.
TU ES TROP GRAND ! DIT PAPA.
À TOUT À L'HEURE, ZAZA !
ZAZA PAS RESTER ! DIT ZAZA.

EH BIEN, QUE SE PASSE-T-IL
ZAZA ? VIENS ! ON VA
DISCUTER TOUTES LES
DEUX, DIT NINI.
ZAZA DISCUTE ! DIT ZAZA.

ZAZA FAIT LE TOUR DE LA CRÈCHE. TÛT TÛT, C'EST LA PREMIÈRE FOIS QU'ELLE CONDUIT UNE VOITURE.

G
D
E
POUËT!

ZAZA S'EST FAIT
UNE COPINE, DÉDÉ.
ELLES JOUENT À
IMITER LES ANIMAUX
DE LA FERME.

HiHi! MEUH!
HiHi! GROINK GROINK!
HiHi! COINCOIN!
HiHi! BÊÊ!

QUI MET LA TABLE POUR
LE DÉJEUNER AVEC MOI ?
ZAZA ! DIT ZAZA.
DÉDÉ ! DIT DÉDÉ.
TOUS LES ENFANTS
VEULENT AIDER.

HUM ! C'EST BON !
CUILLÈRE ! DIT ZAZA.
BRAVO ! DIT NINI.
MAIS METS-LA DANS
L'ASSIETTE PLUTÔT QUE
DANS LES CHEVEUX DE DÉDÉ.

PIPI ! DIT ZAZA À NINI.
VIENS VOIR LES PETITS
POTS, ZAZA ! DIT NINI.
ILS SONT TROP RIGOLOS !
ON PEUT MÊME TIRER
LA CHASSE D'EAU.

PROUT!
PIPI!
CACA!
POPO!

TU AS L'AIR FATIGUÉE, ZAZA, VEUX-TU TE REPOSER SUR LE PETIT MATELAS ? DEMANDE NINI. ZAZA PAS SOMMEIL ! DIT ZAZA. MAIS ELLE S'ENDORT AUSSITÔT.

COUCOU ZAZA, TU T'ES BIEN
AMUSÉE ? DIT TROTRO.
C'EST L'HEURE DE RENTRER
À LA MAISON ! DIT PAPA.
ZAZA DISCUTE ! DIT ZAZA.
MOI AUSSI, JE VAIS RENTRER
CHEZ MOI, DIT NINI,
À DEMAIN ZAZA !
À DEMAIN NINI ! DIT ZAZA.

DANS LA MÊME COLLECTION :

FSC
www.fsc.org
MIXTE
Papier issu de sources responsables
FSC™ C007683

Gallimard Jeunesse / Giboulées sous la direction de Colline Faure-Poirée et Hélène Quinquin

ISBN : 978-2-07-512598-7 - Numéro d'édition : 348038
Loi n° 49956 du 16 juillet 1949 sur les publications destinées à la jeunesse
Dépôt légal : août 2020 - GALLIMARD JEUNESSE 5, rue Gaston Gallimard 75007 Paris France
Imprimé en Chine par Wai Man Book Binding.